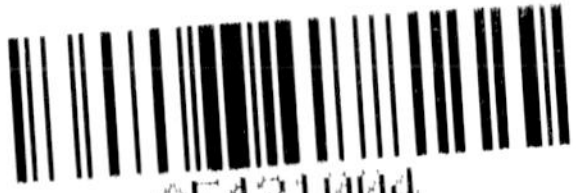

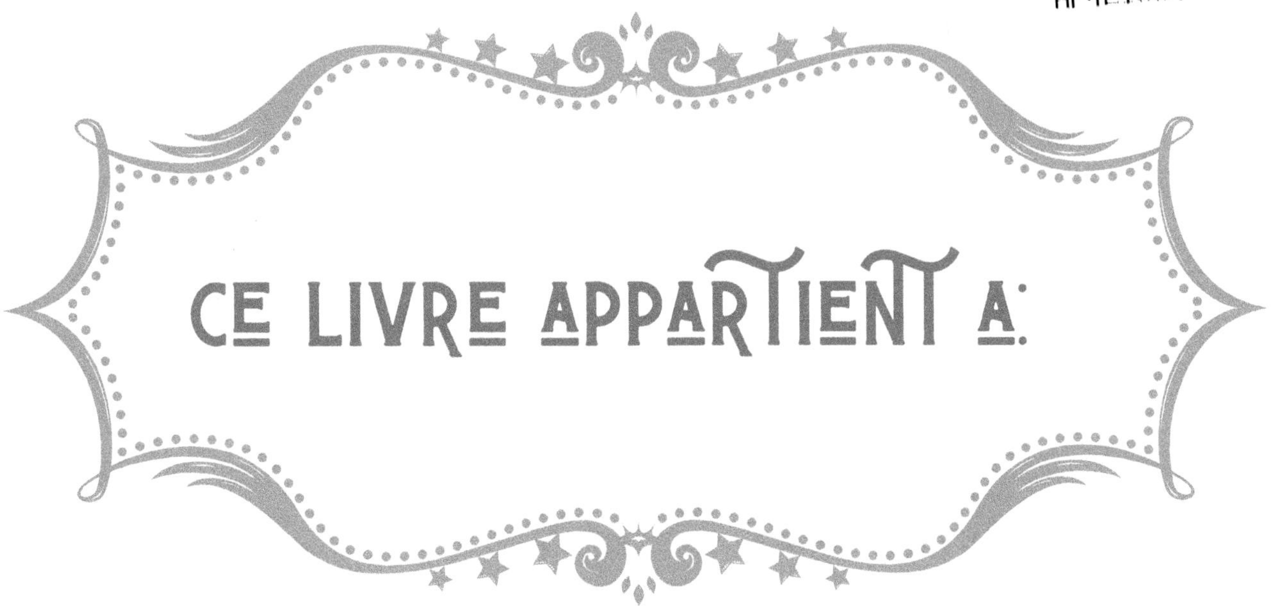

CE LIVRE APPARTIENT A:

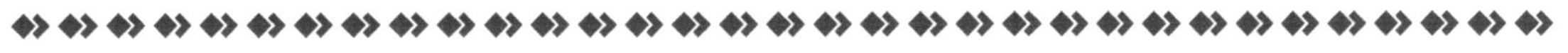

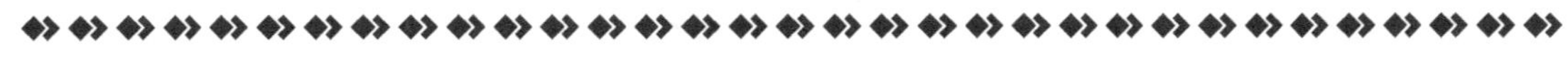

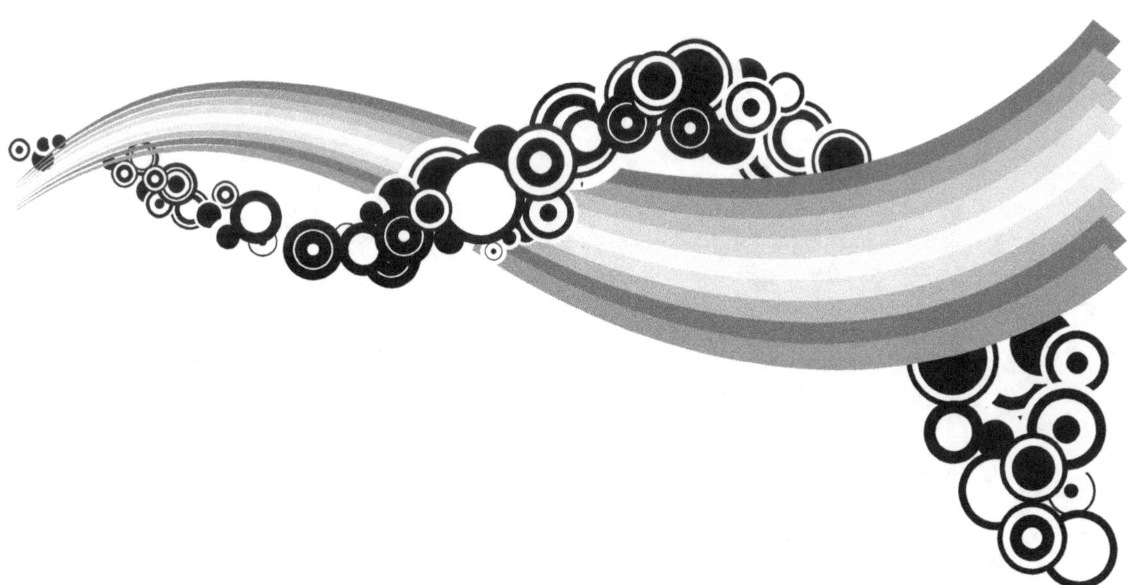

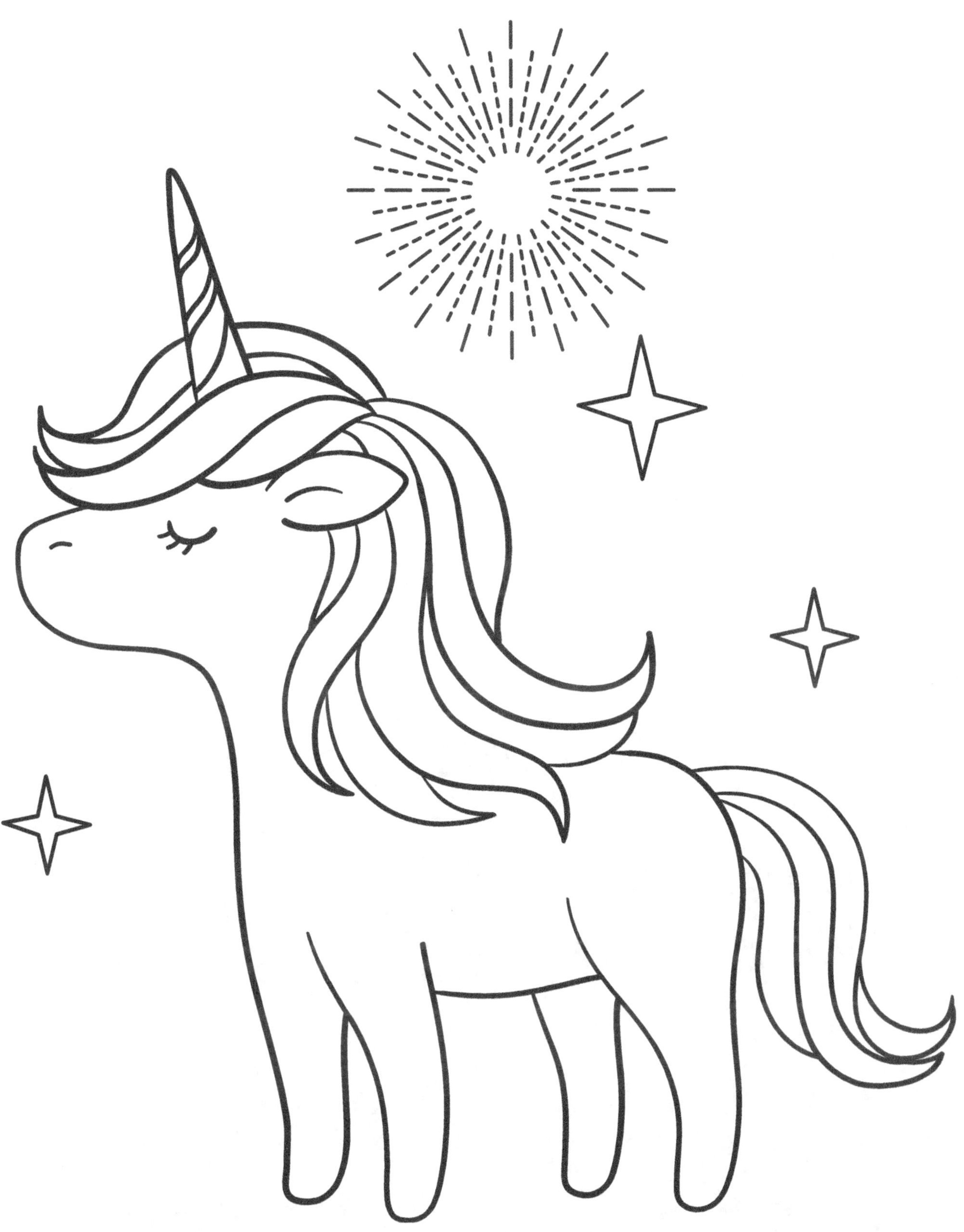

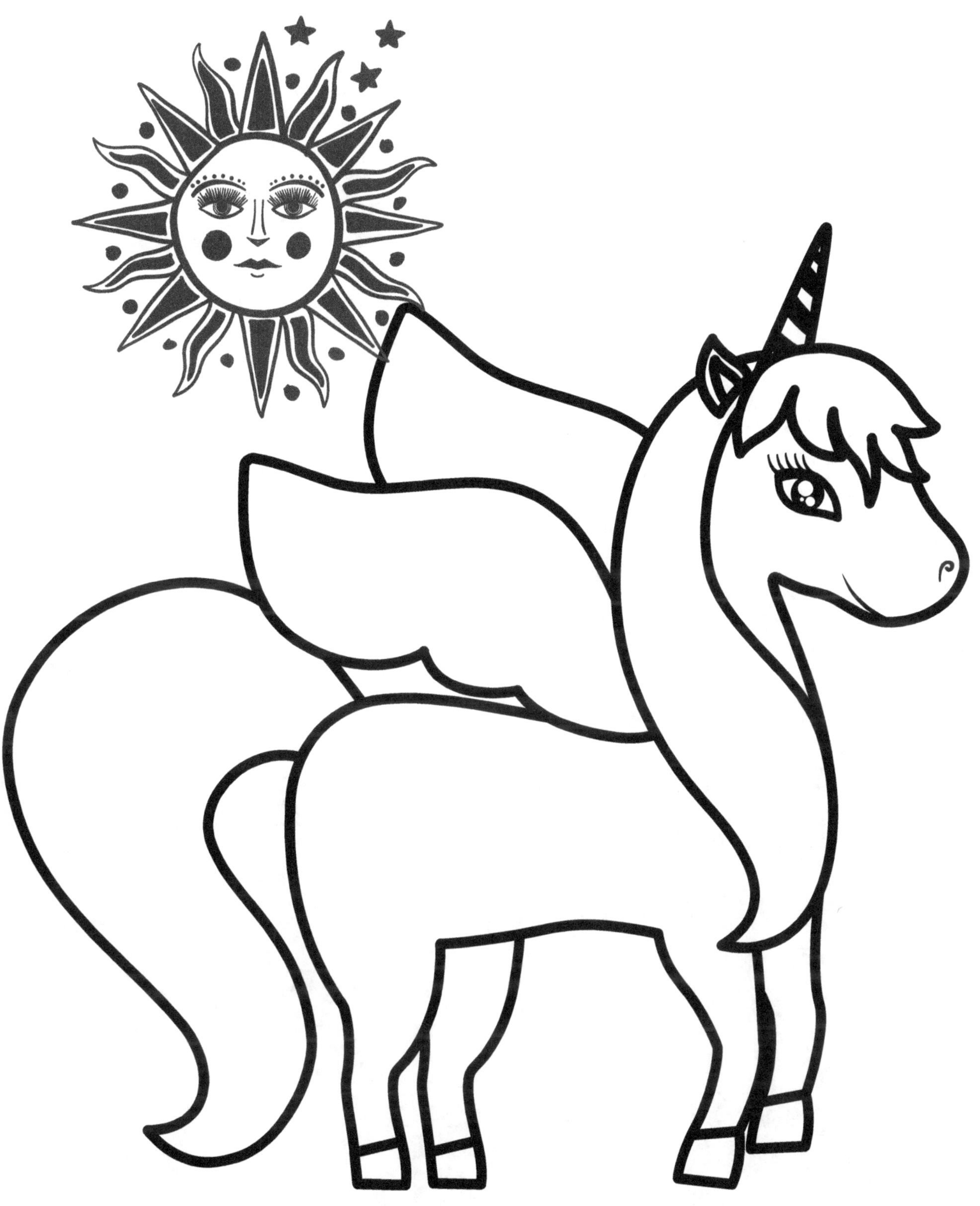

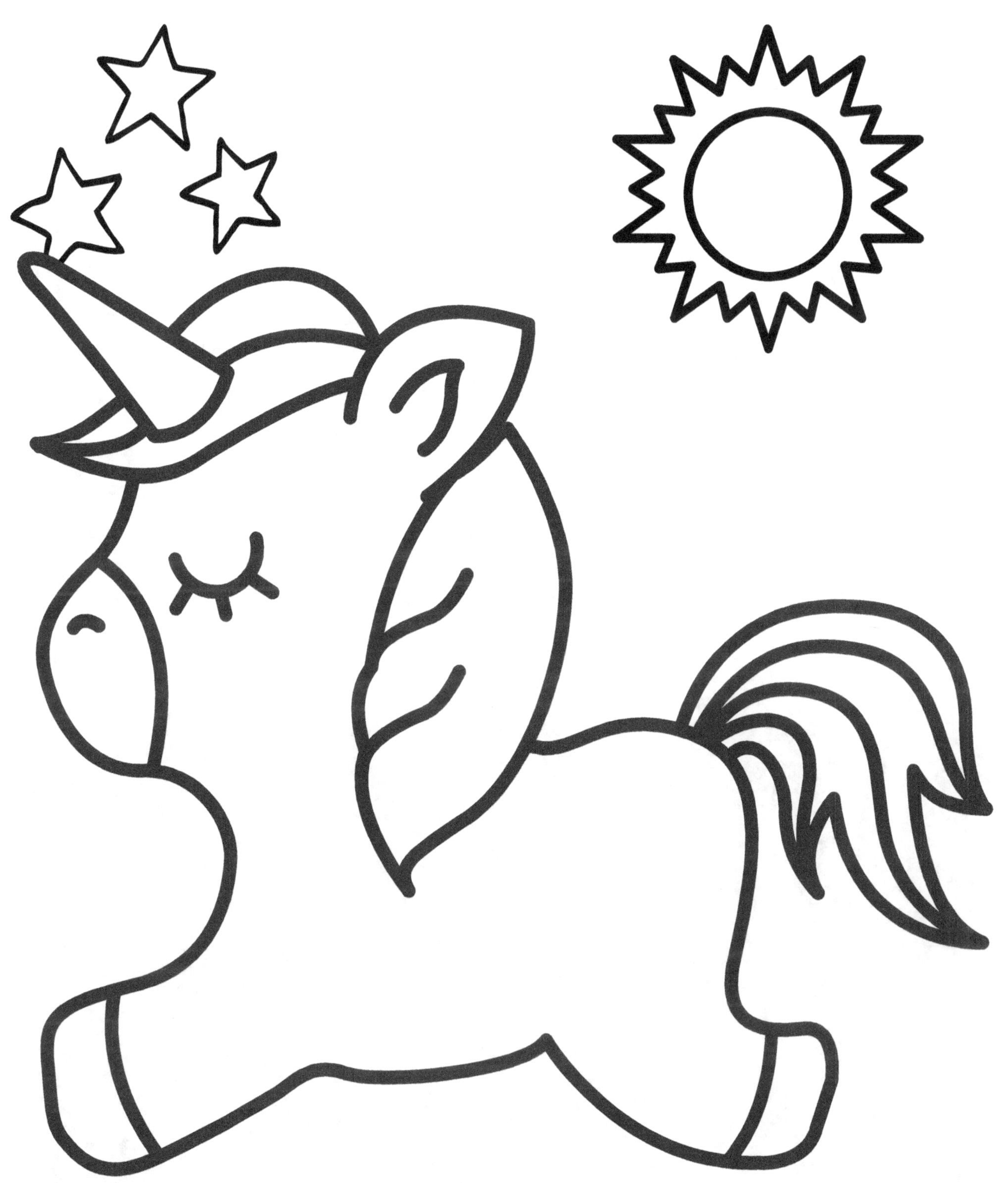

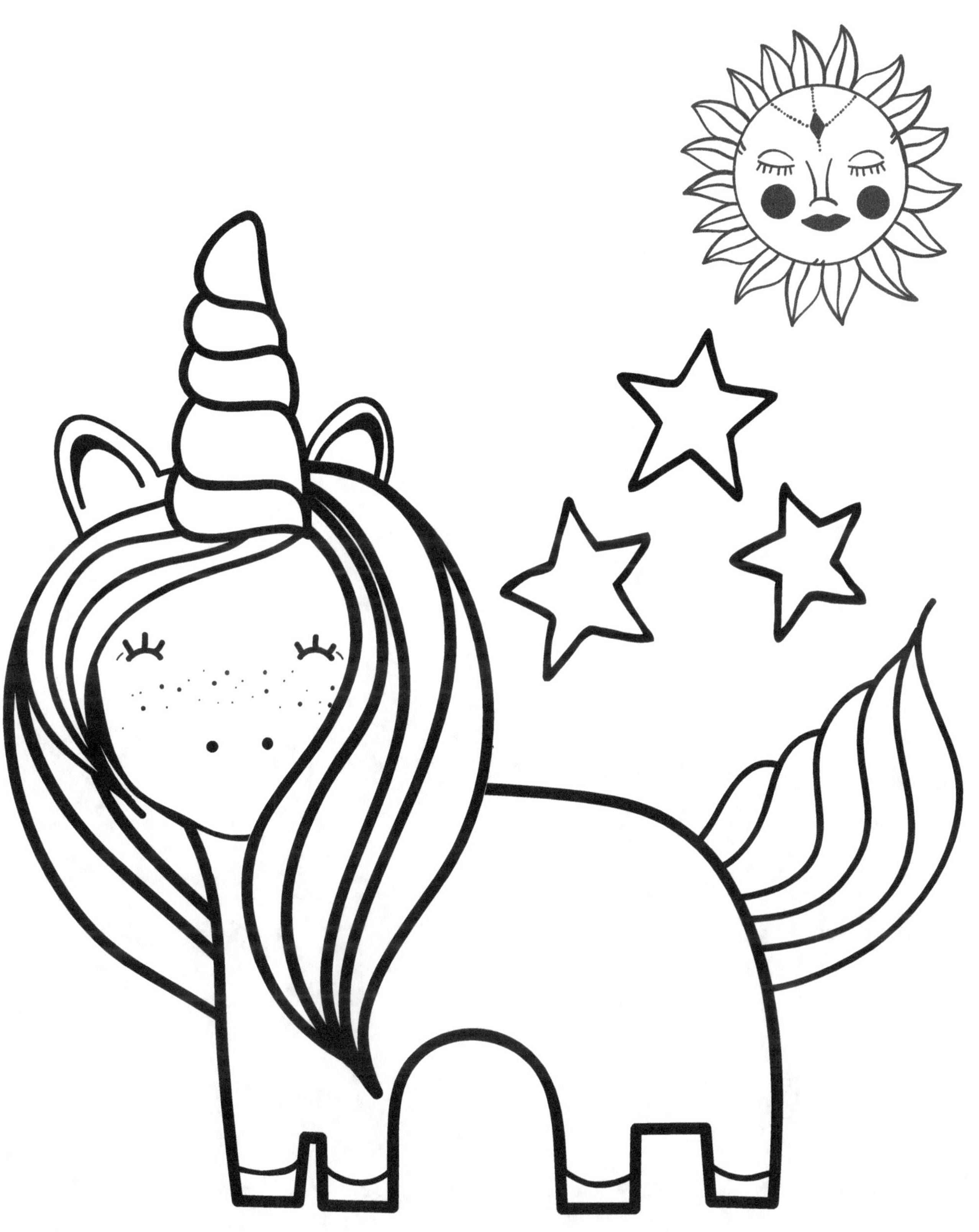

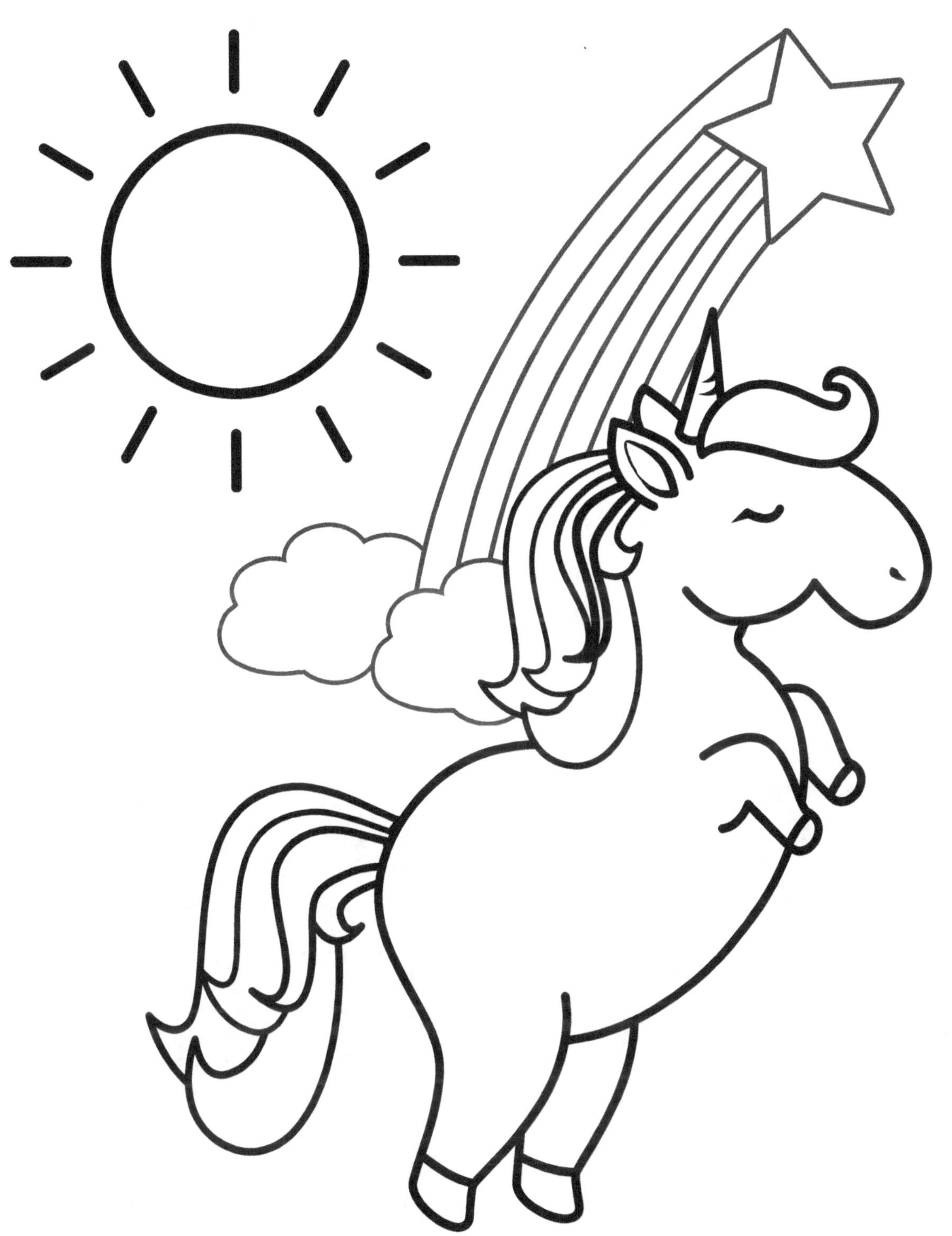

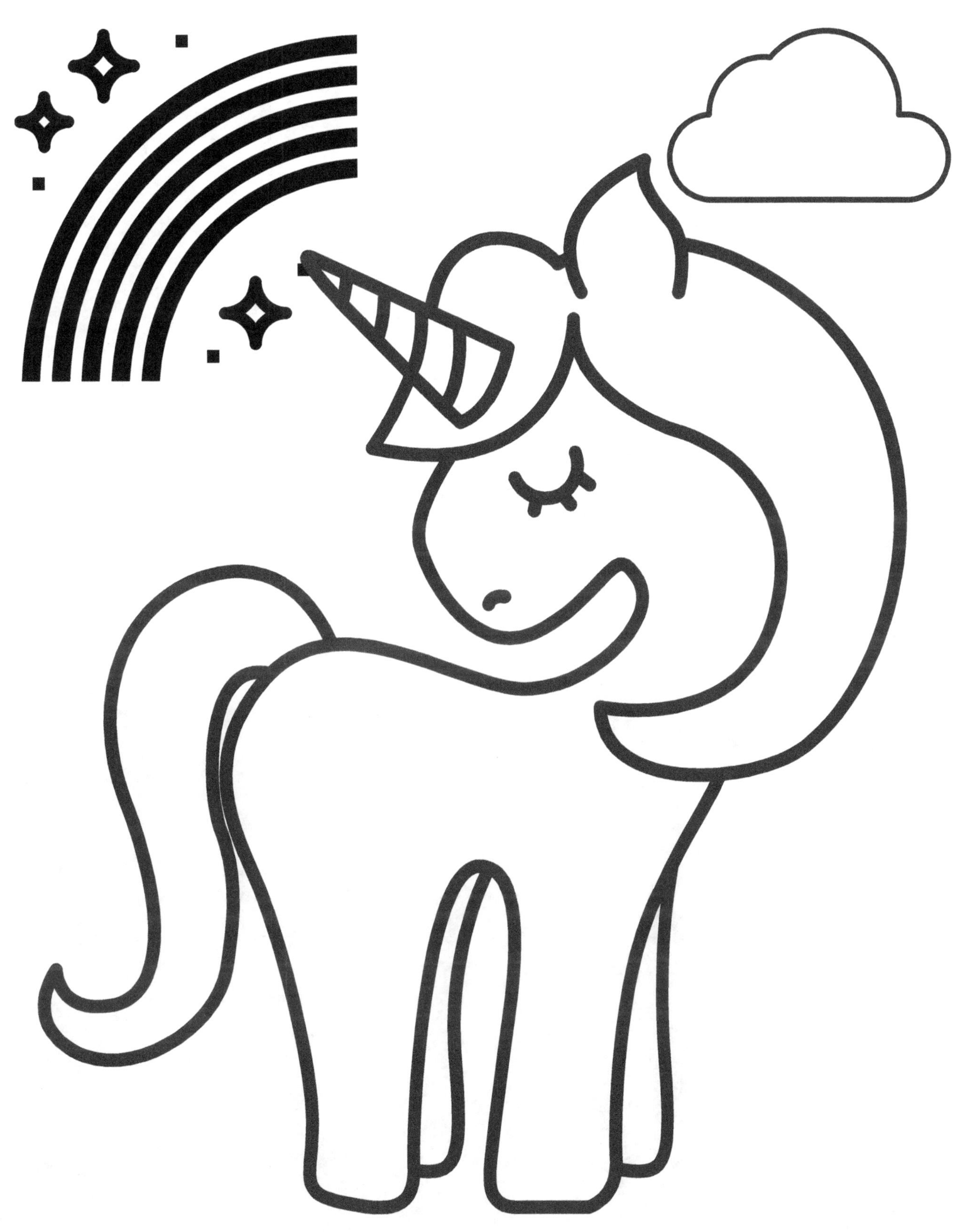

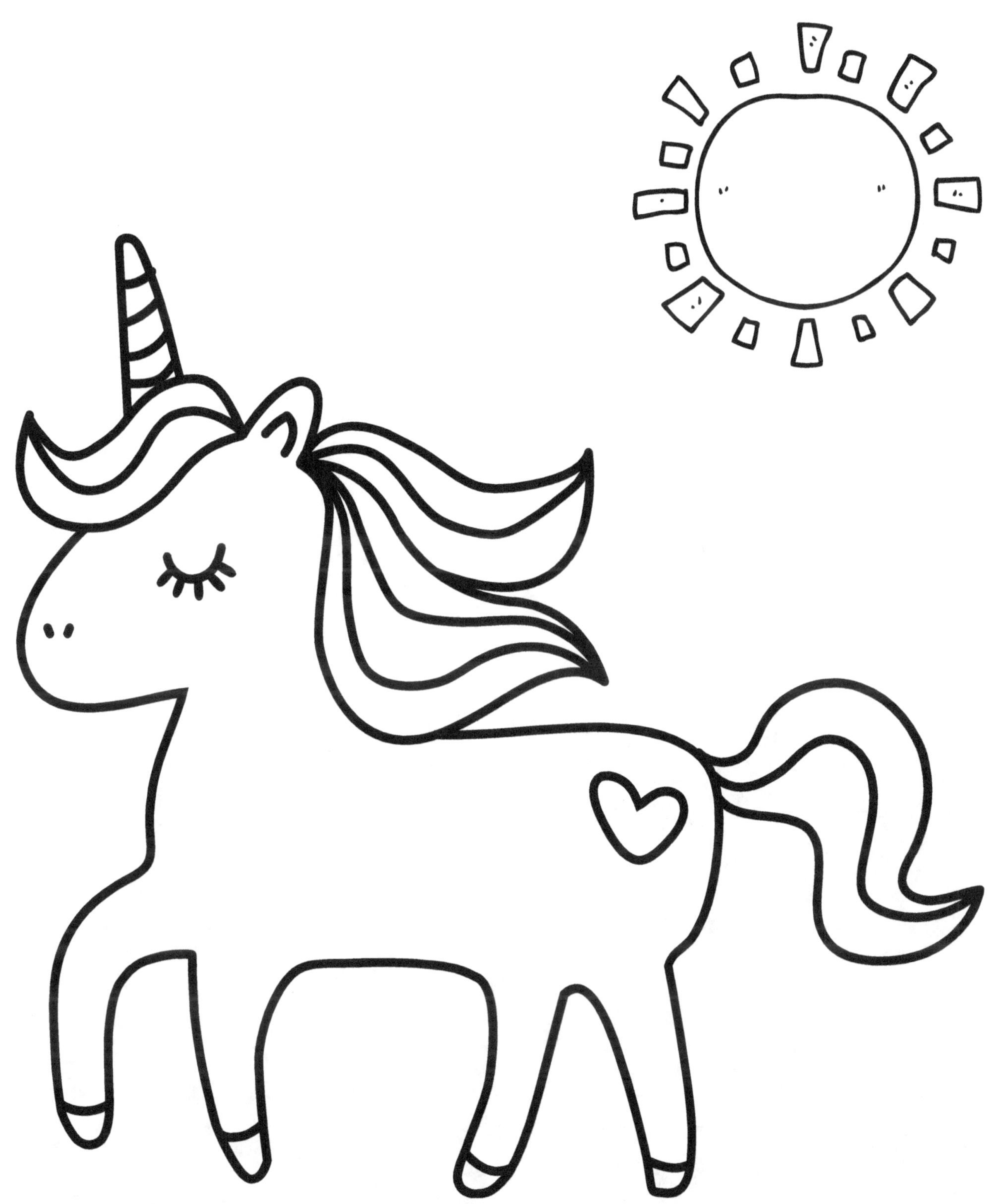

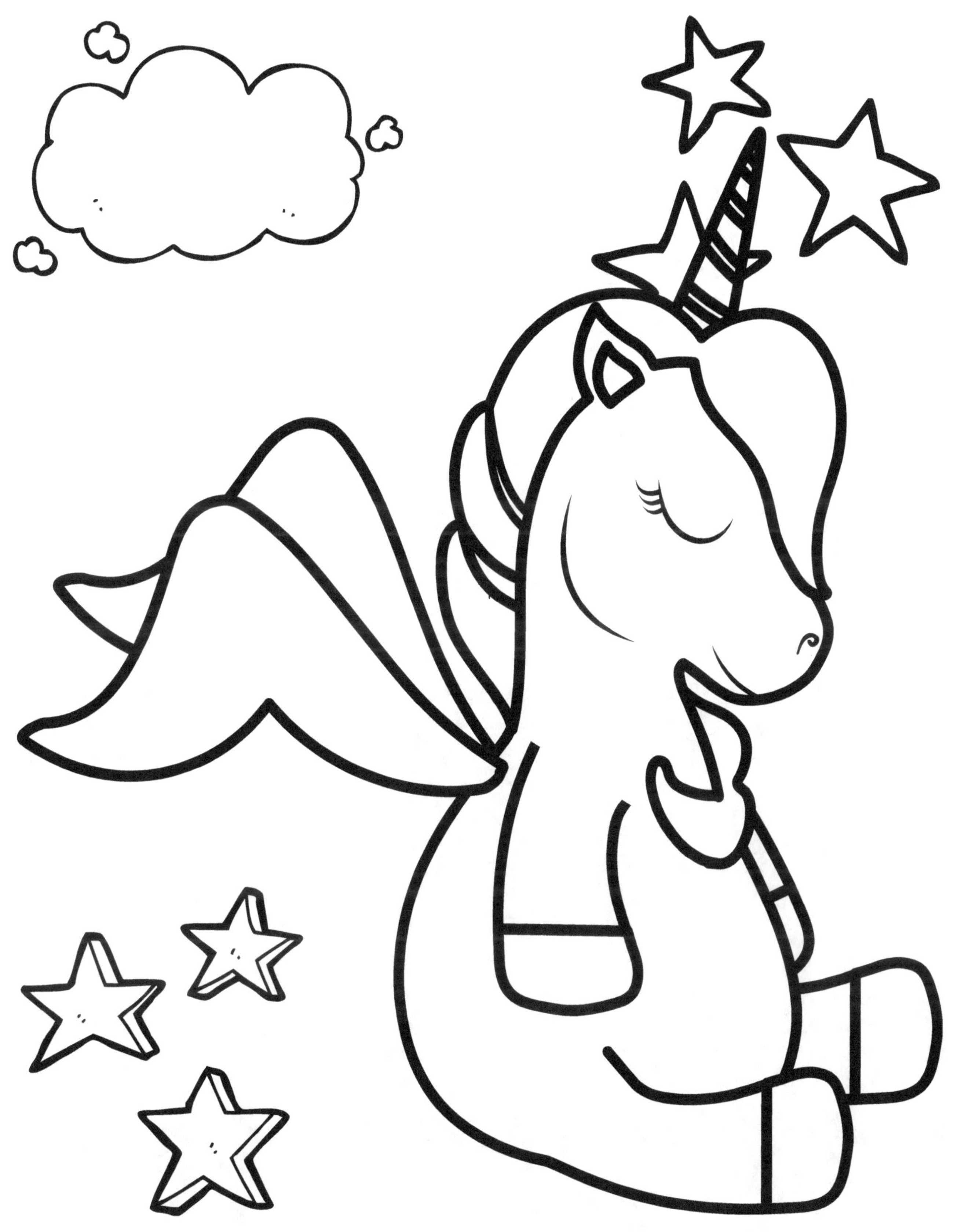

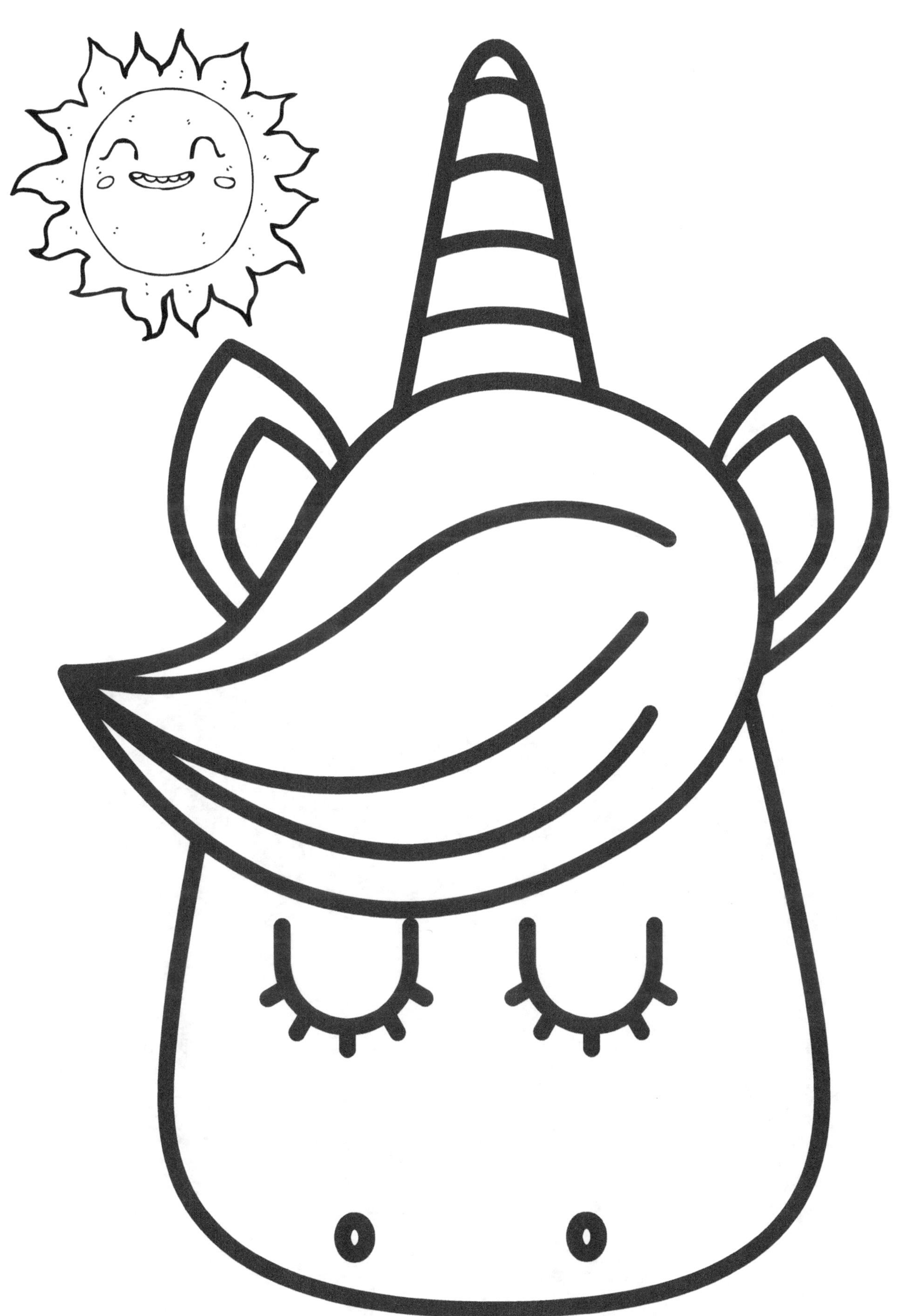

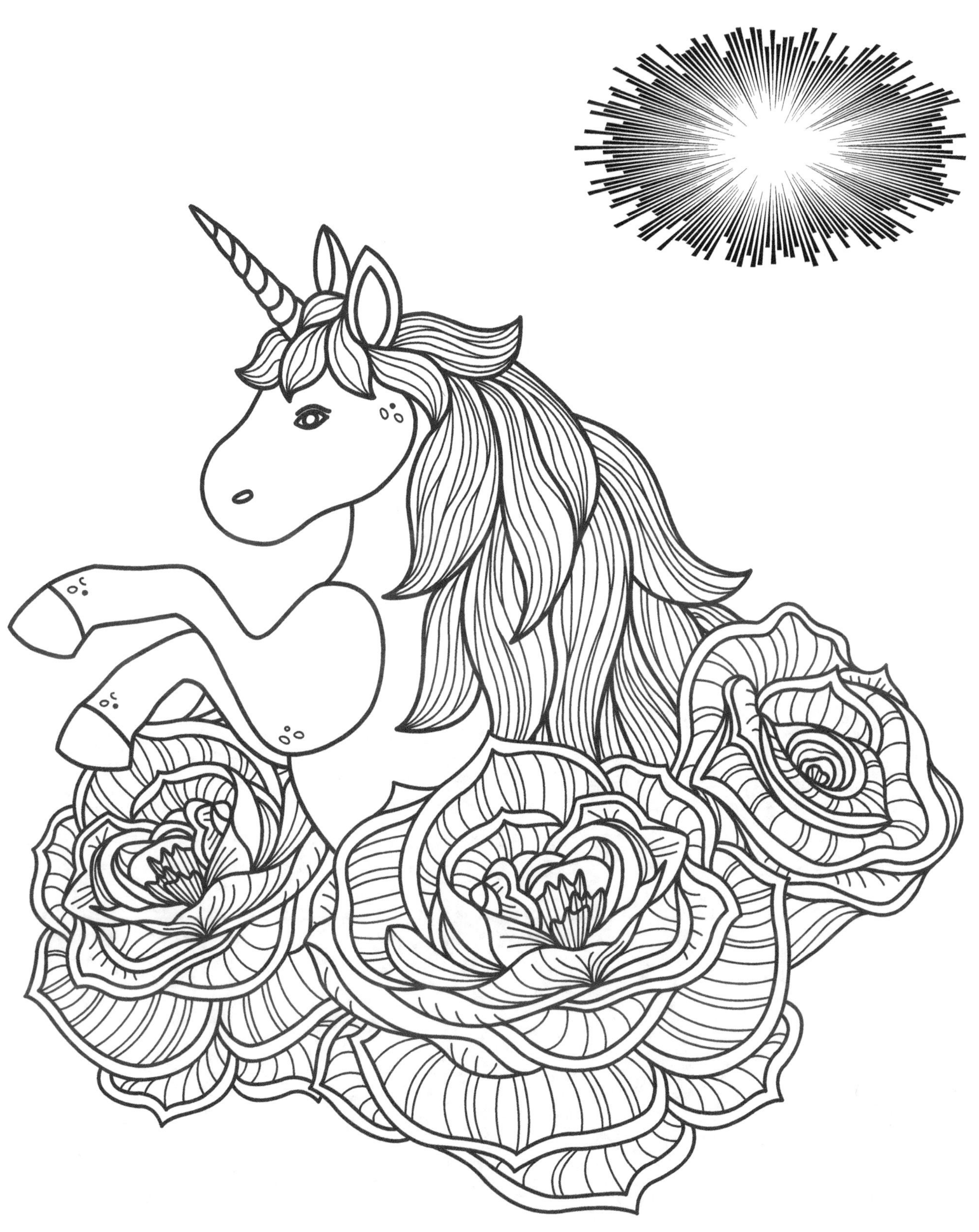

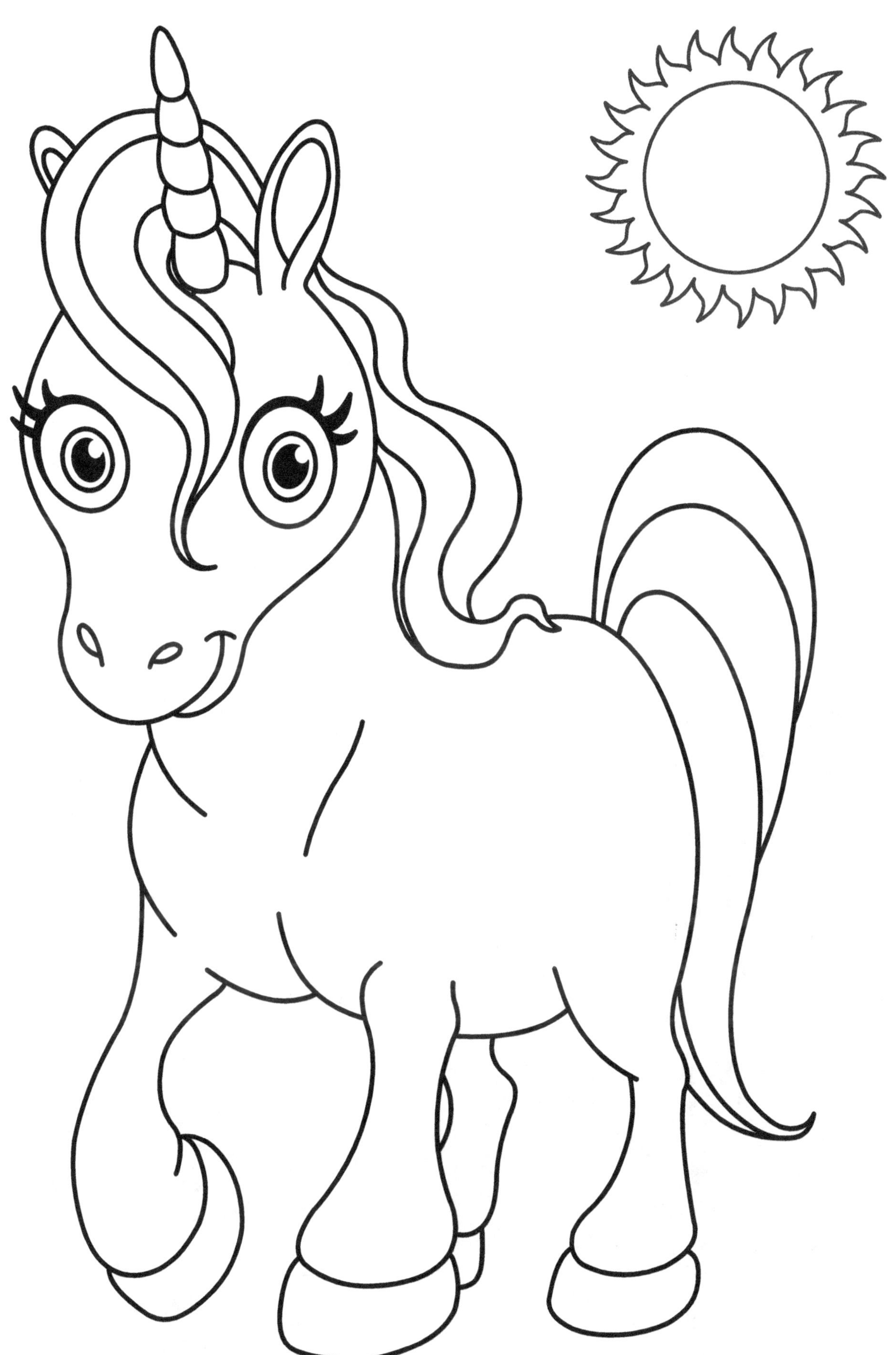

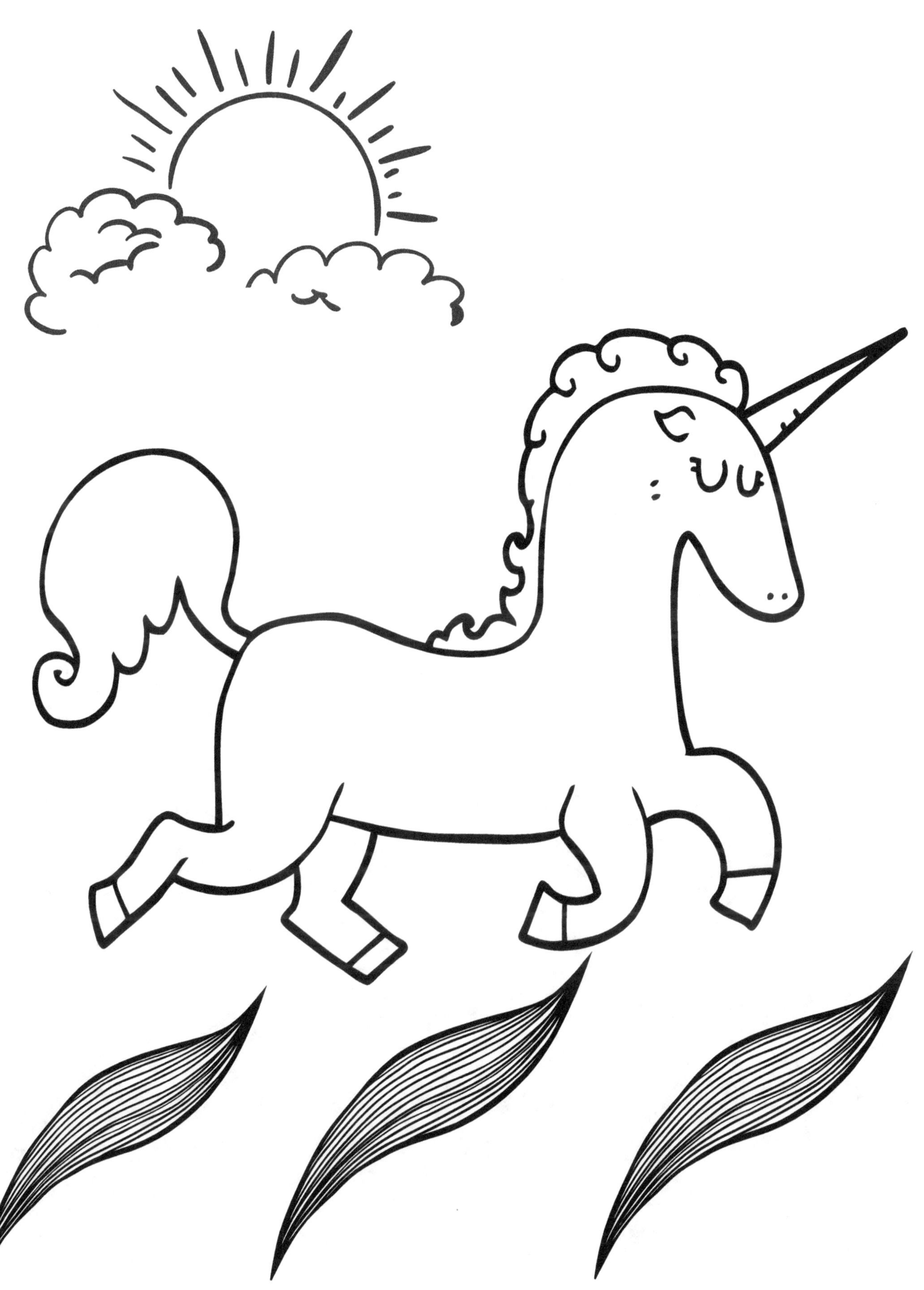

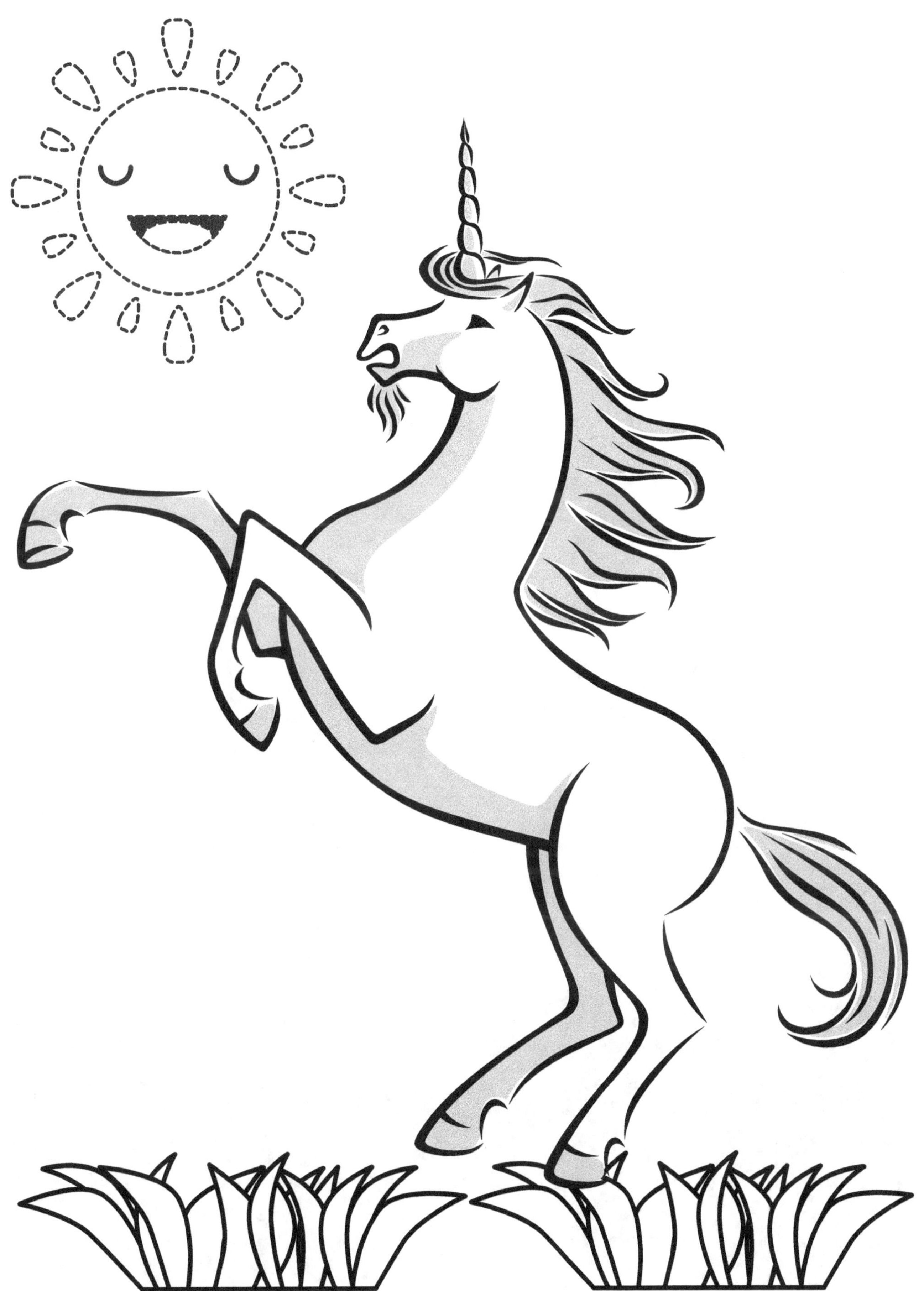

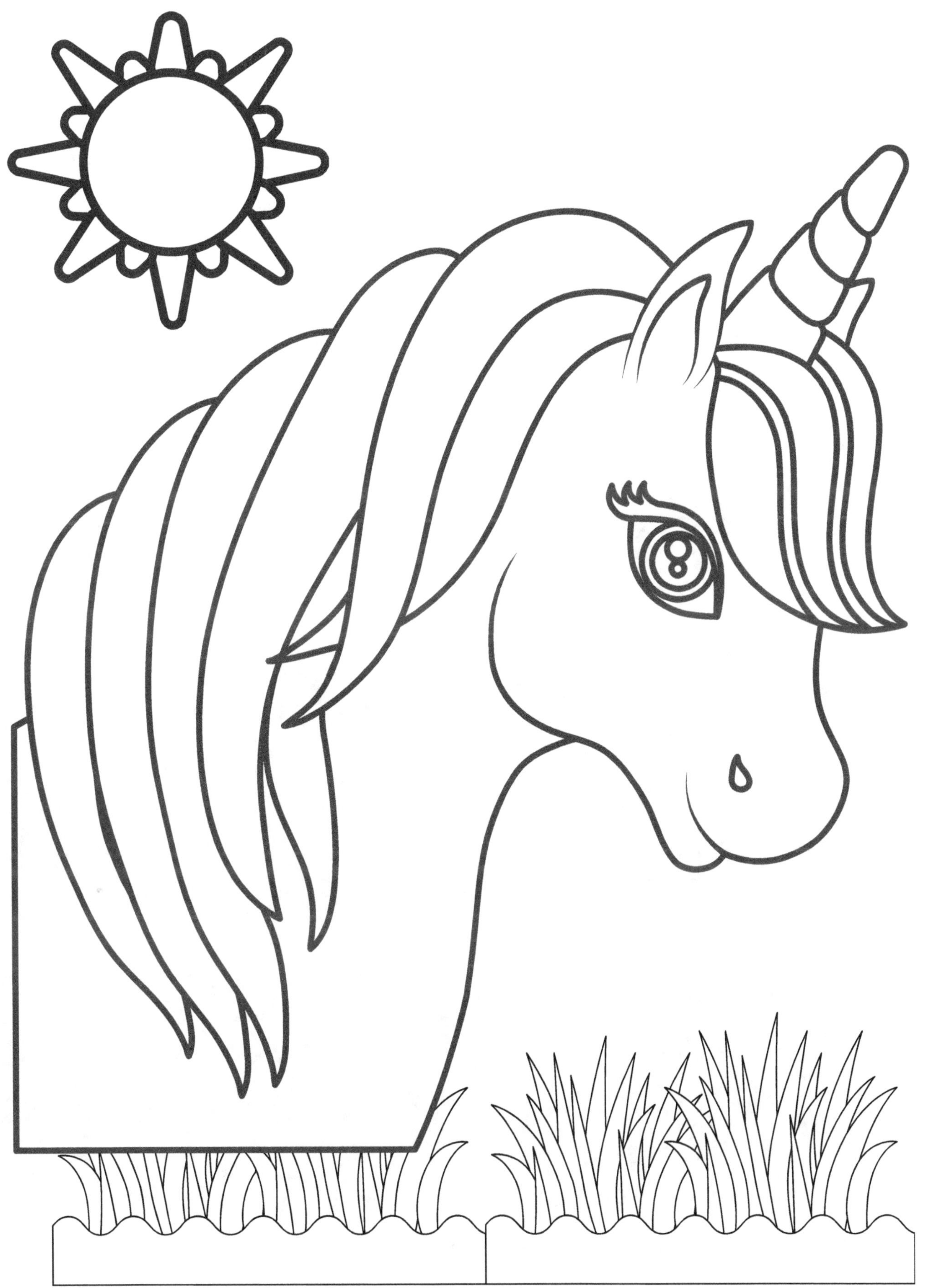

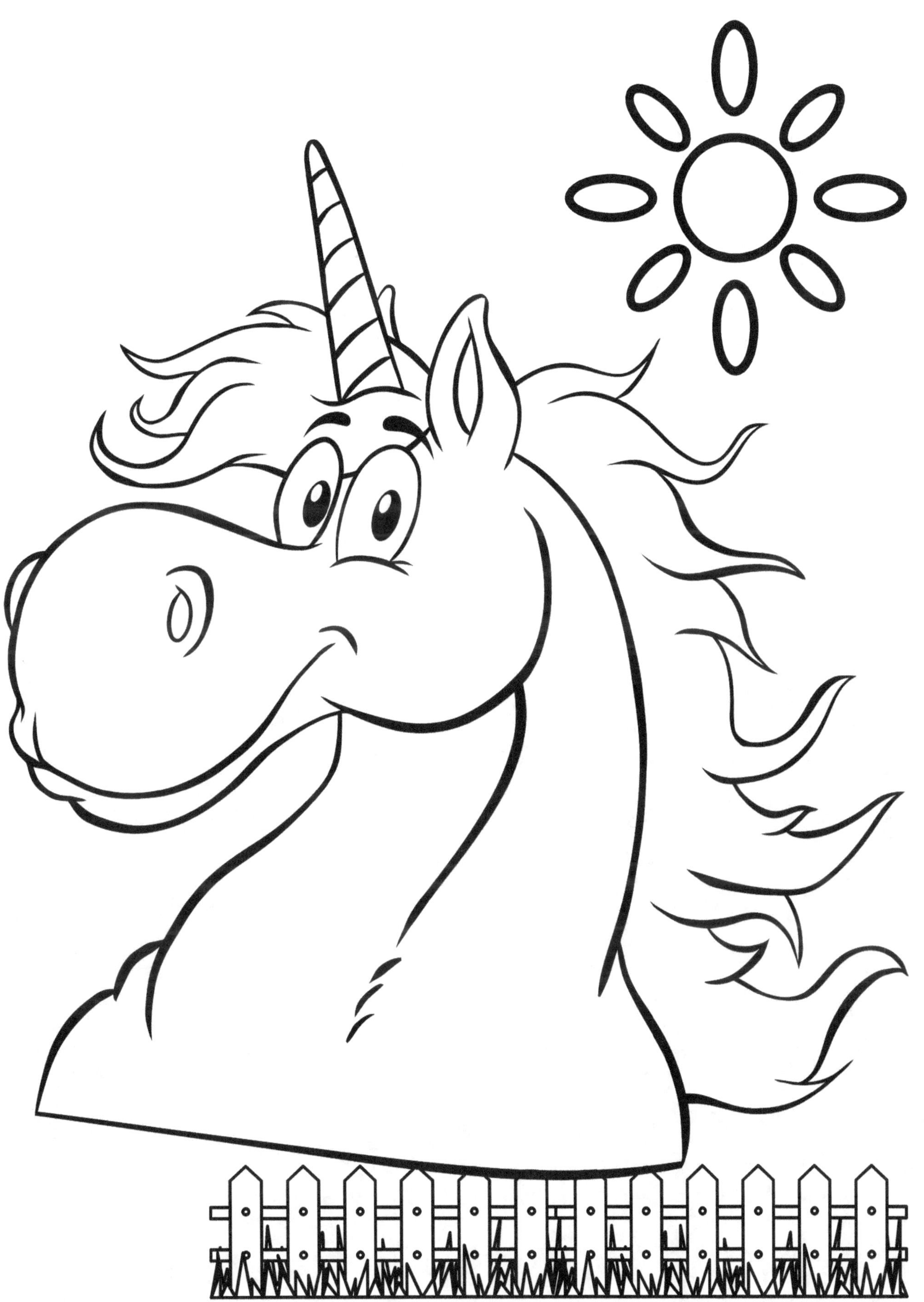

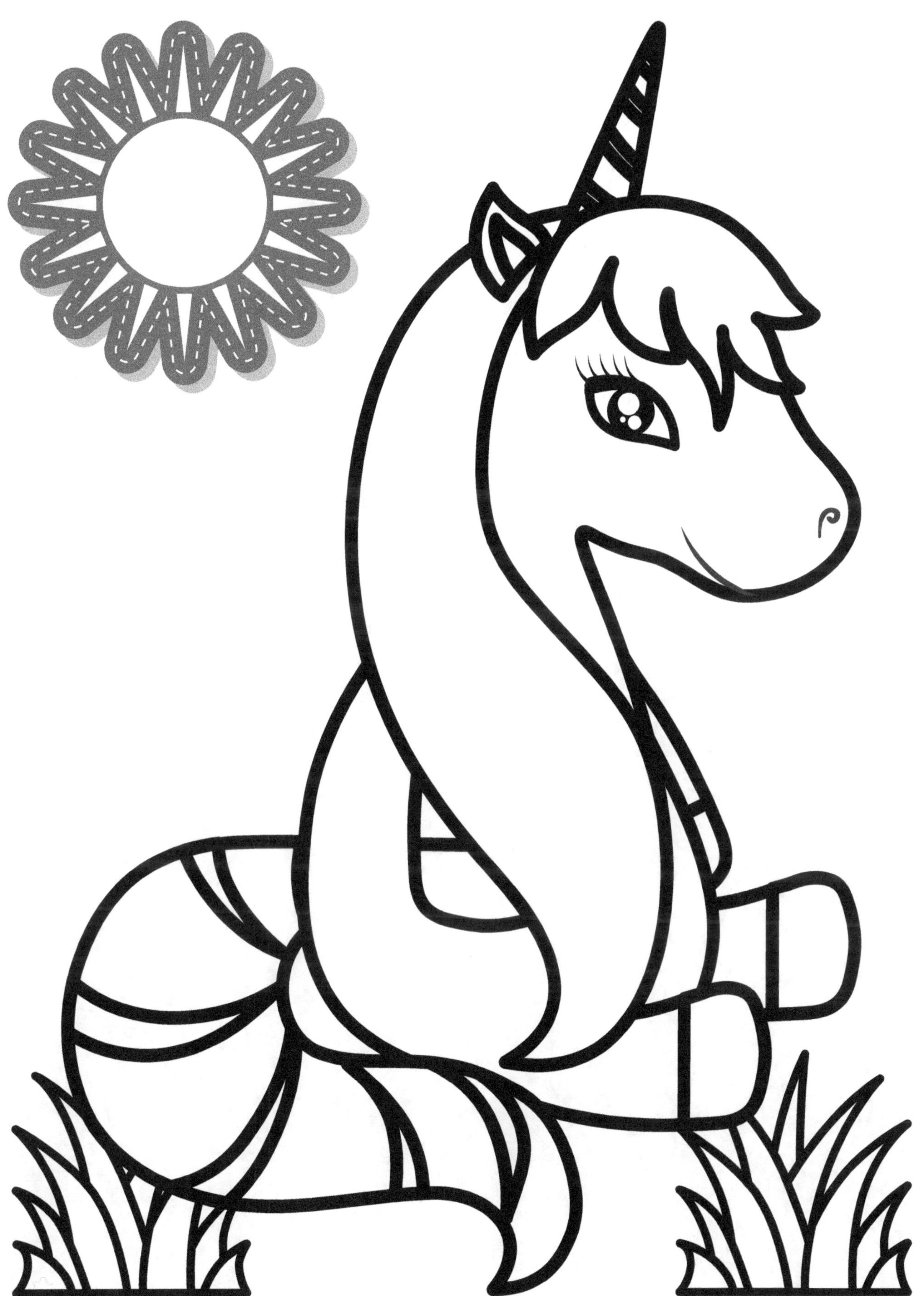